엄마 덕분에 난 사춘기에 안 걸릴 것 같아!

글·그림 이수정·함우주

여는 글

우리 부모들은 자녀들을 낳고 기르며
저마다 아이들에게 여러 가지 기대를 하게 되는 것 같아요.
그런데 저는 기대보다 간절한 바람이 컸던 엄마였어요.
우주를 임신하고 4개월 차에 남편이 갑자기
뇌경색으로 쓰러졌어요. 사실 임신을 하며 컨디션도 더 좋아지고
너무나 기다렸던 아이였기에 행복한 하루하루를 보냈는데….
남편의 갑작스러운 뇌경색 판정에
제가 우주에게 바라는 것은 단 하나!
'건강하고 밝게만 자라라!'였습니다.

공부를 잘하는 아이, 리더십이 강한 아이, 어디 가서 말도, 주장도 잘 하는 아이…

이런 기대는 어쩌면 저에겐 사치라고 생각했던 것 같아요.

지금 우주는 어떻게 자라고 있냐고요?

그 이야기를 이 책에 정성스레 담아 보았어요.

우주와의 대화, 아들에게 큰 기대보다 간절한 바람을 가진 엄마의 말…

스피치와 웃음힐링 강사의 직업을 가진 제가 교육 현장에서

느낀 긍정 스피치의 소중함을 담은 스토리텔링 에세이!

지금부터 저희와 함께해 주실래요?

차례

고장 난 바지

사람이라면 웃으며 살아야지

선생님, 꼭 팀을 나눠야 해요?

엄마! 백만 불이 얼마야?

오늘은 엄마가 오렌지 같아!

우리들의 초능력

하루 종일 콧노래 흥얼거리기

작가님이 전학 온 날

사랑가득한 하루

우주가 생각하는 진정한 리더

젓가락을 든 횟수만큼

성공한 엄마

선생님은 왜 우리에게 존댓말을 쓰세요?

특별한 점

믿는데이가 이제 믿는day가 되어

엄마 덕분에 난 사춘기에 안 걸릴 것 같아!

 이 책의 활용법

— 책 중간중간마다 생각 전구가 있어요.
　생각 전구와 함께 떠오르는 생각과 느낌을 적어보세요.

고장 난 바지

우주를 가졌을 때 그냥 밝고 건강하게만 자라 달라고… 기도했어요.
지금 초등학교 5학년인 우리 아들은? 정말 밝고 건강하답니다.

엄마 : 우주야! 엄마가 예쁜 바지 사 왔어! 얼른 입어볼까?

우주 : 우와~ 예쁜 바지? 어떤 바진데?

엄마 : 짜잔~~ 어때? 너무 예쁘지?

우주 : 뭐야? 이게 바지야? 바지가 뭐 이렇게 생겼어? 이상해!

엄마 : 뭐가 이상해? 지난번에 지운이가 입은 거 봤지?
　　　그 바지와 똑같은 거야! 얼른 입어보자!

우주 : 싫어! 안 입어! 이상하게 생겼다고!!!

엄마 : 으이그, 빨리 입어봐! 입은 모습 보고 싶단 말이야!

우주 : (억지로 바지를 입고 선) 엄마~~!! 이게 뭐야?!

엄마 : 왜? 무슨 일이야?

우주 : 바지가 고장 났잖아!

엄마 : 뭐? 바지가 고장 나?

제가 많이 했던 착각 중에 하나는
'다른 아이가 입어서 예쁜 옷은 우리 우주도 예쁘겠지?'
라고 당연한 생각을 했던 게 아닐까? 합니다.
동생네 아들이 입었던 배기바지가 예뻐서 우주에게도 입히려고 했던 그날…
고장 난 바지라 안 입겠다고 우는 아이의 모습에 크게 웃었던 게 생각나네요.
엄마의 무모한 욕심은 아이들이 먼저 알아채는 것 같아요.
그때부터 지금까지 우주는 배기바지에는 눈길조차 주지 않고 있답니다.

사람이라면 웃으며 살아야지!

아빠 가게를 가기 위해 집을 나섰어요. 엘리베이터를 탔는데….

우주 : 엄마! 무슨 생각을 그렇게 많이 해?
엄마 : 응? 엄마? 아닌데?
우주 : 아니긴! 생각이 많아 보이잖아? 가끔 멍 때리는 것도 좋아!!
엄마 : ㅎㅎㅎ 그래? 우주도 멍 때릴 때 있어?
우주 : 아니, 난 없는데~!
엄마 : 왜, 없어?
우주 : 난 아무 생각이 없으니까~! 필요 없어.
엄마 : 뭐?
우주 : 자, 엄마! 크게 웃어봐! 사람이라면 웃으며 살아야지~!
엄마 : 뭐? 사람이라면?

오늘도 아들내미 덕분에 크게 웃었네요.
아이들은 안 보는 듯해도 엄마, 아빠의 상태?를 늘 느끼며 살피고 있는 것 같아요.
우리들의 기분에 따라 아이들도 좋았다 나빴다… 우주야~! 늘 웃으며 사는 사람이 될게! ^^
그리고 그 웃음을 다른 사람들에게 나누며 살게!
엄만 오늘도 우주에게 배우며 큰다. 우리 아들! 고마워~♡

 **생각 전구 – 오늘은 어떤 일로 웃었나요?**

선생님, 꼭 팀을 나눠야 해요?

6년 전, 아들 우주의 6살 유치원 상담이 있던 날이었어요.
아이들은 집 안에서의 모습, 바깥 생활의 모습, 유치원에서의 모습들이 조금씩 다를 수 있기에
항상 긴장이 되는 날이기도 하답니다. 상담 시간에 맞춰 꽃단장도 하고…
(아이들은 엄마가 예쁘게 꾸미고 오는 걸 좋아해요. 그래서 은근히 신경이 참 많이 쓰이죠.)
유치원 도착 후, 환하게 웃으시는 선생님의 모습을 뵙고는 1차 안심! 의자에 앉자마자,

선생님 : 우주 어머님~ 궁금한 거 있으세요?

엄마 : 네? 궁금한 거요? 어… 글… 쎄요~?

(보통 유치원 생활에 대해 먼저 말씀해 주시는데… 왜 먼저 물어보시지?…)

선생님 : 그럼, 사건 하나가 있었는데요.

엄마 : 사건이요? (긴장 한가득…)

선생님 : 얼마 전, 블록 놀이를 하는 시간이었어요.

선생님 : 자, 오늘은 팀을 나눠서 블록 놀이를 할 거예요.
　　　　팀을 나눠 볼까요?
(선생님께서는 많은 아이들이 우주와 함께 하고 싶다며 얘기를 했다고 해요.
어릴 때부터 말이 많았던 우주는 친구들을 웃기는 걸 좋아했어요.)

선생님 : 우주야!

우주 : 네, 선생님~!

선생님 : 친구들이 우주와 하고 싶어 하는데… 누구와 팀을 하고 싶어?

우주 : 음… (심각하게 생각에 빠져…) 선… 생님…

선생님 : 응! 우주야, 말해봐.

우주 : 저기… 블록놀이를 하려면 꼭 팀을 나눠야 해요?

선생님 : (당황해하시며) 응??

우주 : 팀으로 나누지 말고 그냥 다 같이 놀면 안 돼요?

선생님 : 아니! 당연히 다 같이 놀아도 되지! ^^;

우린 이상하게 언제 어디서든 팀을 나누려고 하는 것 같아요.
어릴 때 놀이에서도 어른이 된 후 모임에서도…
이젠 편가르기 하지 말고 다 같이 신나게 놀아봐요. 우리 아이들처럼요.

엄마! 백만 불이 얼마야?

🧒 : 엄마!

👩 : 응?

🧒 : 엄마와 아빠는 나한테 백만 불짜리야!

👩 : 진짜? 엄마, 아빠 아들로 태어나줘서 정말 고마워!
　　엄마는… 이 세상에서 우리 우주를 가장 많이 사랑해!

🧒 : (기분이 좋은 듯 웃으며) 응! 그런데… 엄마!

👩 : 응? 왜?

🧒 : 백만 불이 얼마야?

👩 : 뭐?

많은 부모님들께서 그러 하 듯 저도 어릴 때부터 우주에게

예쁜 말을 쓰도록 열심히 가르쳤어요.

내가 좀 심한 건가? 싶을 정도로… 저 역시나 좋은 말, 긍정적인 말을 쓰려고 노력했고요.

(직업병 때문일지도 모르고요.) 말의 위력과 무서움을 알기에…

그래서인지 예쁜 말을 곧잘 하는 우리 우주… 어제는 백만 불 짜리로 선물을 안겨주네요.

우리 아들에게도 곧 사춘기가 오겠지만…

변함없는 마음으로~! 한결같이 예쁜 말을 가르치려고요!

아이들은 부모님의 언어를 듣고 배운다고 하지요?

우리도 좋은 말, 고운 말을 많이 주고받자고요!

(우주야~ 백만 불은 11억 3000만 원 조금 넘는 단다. ^^)

오늘은 엄마가 오렌지 같아!

우주 : 엄마~!

엄마 : 응? 왜?

우주 : 오늘은 엄마가 오렌지 같아!^^

엄마 : 그래? 왜??

우주 : 오렌지 표면처럼 까칠하고 때로는 양치질 안 하고 먹은 오렌지처럼 달콤하니까!

엄마 : 뭐… 뭐?

오늘은 제가 좀 까칠했나봅니다…

 생각 전구 - 최근에 가장 오렌지 같았던 적은?

우리들의 초능력

우주 : 엄마!

엄마 : 응?

우주 : 나도 어밴져스에 나오는 영웅들처럼 초능력이 있으면 좋겠어!

　　　(방학 때 아빠와 밤마다 영화를 그렇게 보더니…)

엄마 : 초능력? 왜?

우주 : 멋있기도 하고 사람들한테 도움을 줘야 할 때도 쓰고~ 휙휙 날아다니기도 하고~

　　　그런데 난 초능력이 없어! (이내 실망하는 아들…)

엄마 : 네가 왜 초능력이 없어? 있잖아~!

우주 : 나한테 초능력이 있다고?

엄마 : 그럼~!! 멋진 초능력이 있지~!

우주 : 어떤 초능력이 있는데?

엄마: 엄마, 아빠를 웃게 하는 초능력, 행복하게 해주는 초능력, 기쁨을 주는 초능력 또~~

우주 : 그게 뭐야! 엄마~

쑥스러운 듯 환하게 웃으며 좋아하는 아들을 보니 또 웃음이 막 흐르더라고요.

엄마 : 우주는 어떤 캐릭터가 되고 싶은데?

우주 : 슈퍼맨~!

엄마 : 그래? 엄마가 만들어 줄게! 내일 아침에~

우주 : 진짜?

엄마 : 그럼! 진짜지!

그리고 이 사진의 캐릭터로 완성!

엄마 : 자, 우주야!! 우주 슈퍼맨~

우주 : 아~~ 그게 뭐야? 내가 대두 슈퍼맨이야?

엄마 : 매력 있네~ 대두슈퍼맨~ㅎㅎㅎ

우주 : 엄마!~~

아침부터 한바탕 웃고 시작합니다!

여러분은 어떤 초능력을 가지고 있으세요?

우리 그 능력을 마음껏 발휘하며 선물로 주어진 하루하루를

기분 좋은 날들로 꽉꽉 채워보자고요!

하루 종일 콧노래 흥얼거리기

어느 날, 아들 우주가 하루 종일 콧노래를 흥얼거리더라고요.

엄마 : 우리 우주 기분이 좋아 보이네? 뭐 좋은 일 있어?

우주 : 응~ 행복해서~

엄마 : 그래? 왜 행복한 건데?

우주 : 그냥 행복한데… 꼭 이유가 있어야 해? 엄마?

엄마 : 응? 우주야…

어리석은 질문을 한 엄마… 볼 빨간 우주 엄마…
맞아요~! 행복한데 꼭 이유가 필요한가요?
그냥 행복한 게 진짜 행복한 거죠?!
저도 오늘부터 늘 콧노래를 부르며 그냥 행복해지기로 했어요!
아무런 이유 없이!

작가님이 전학 온 날

코로나로 인해 일주일에 두 번 학교를 가는데 그날을 우주는 참 좋아해요.
학교를 다녀온 어느 날,

우주 : 엄마! 엄마~!

엄마 : 응. 학교 재미나게 잘 다녀왔니?

우주 : 응! 근데 우리 반에 전학생이 왔어!

엄마 : 그래? 우주가 잘 해 주어야겠네!

우주 : 응! 나도 전학을 왔으니까 잘 해 줘야지! 그런데 그 친구 작가야!

엄마 : 작가? 오~ 동화책을 만들었나? (요즘 어린이 작가들도 많으니…)

우주 : 아니~~

엄마 : 그럼?

우주 : 이름이 지은이야!

엄마 : 뭐?

우주 : 지은이… 이름이 참 멋진 것 같아!

어쩜 이런 생각을 하니~~ 아들아~ㅎㅎㅎ
오늘도 우주 덕분에 또 한참을 웃었어요!

사랑 가득한 하루

오늘은 아들내미 등교하는 날이라 서둘러 설렁탕으로 아침 식사를 준비하는데…

파를 썰고 있는데… 파가… 사랑을 가득 담고 저를 보고 빵긋 웃고 있네요.

덕분에 기분 좋은 아침을 시작했어요.

(파를 심장처럼 가슴 앞에 들고서는…)

엄마 : 우주야! 엄마 마음이야~

우주 : 아~~~ 뭐야~^^

엄마 : 엄마의 사랑이야~ 우리 아들 사랑해~♥

우주 : 사랑해요. 근데 아까 그 사랑파 여기 들어갔어?

엄마 : 응!

우주 : 사랑파라… 먹기가 좀 그런데…

엄마 : 뭐 그래~~ 하트 파 맛있게 먹고 친구들에게 사랑을 가득 나눠주면 되지!

우주 : 아하~~! 그렇구만~!

순간 어떻게 이야기를 해야 하나? 식은땀이 났네요.

"파는 사랑을 타고! 우리는 행복을 타고!"

 **생각 전구** – 우리가 최근에 가장 많이 표현한 사랑의 말은?

우주가 생각하는 진정한 리더!

우주 : 엄마! 오늘 체육시간에 피구를 하는데 친구들이
　　　　"야! 우주만 집중 공격해!" 하는데 내가 다 피해!
엄마 : 하하하하, 진짜?
우주 : 밑으로 오는 건 점프하고 내가 이건 피할 수 있겠다! 하는 건 옆으로 빠지고!
엄마 : 우리 우주, 멋지네!
우주 : 상대방이 한 명인데 우리 팀원을 맞추려고 해!
엄마 : 응! 그런데?
우주 : 그런다고 또 가만히 있으면 안 되잖아. 우리 팀원도 소중한 사람이야!
　　　　같은 팀원이고. 노력을 하면 실력은 얼마든지 발휘할 수 있어. 응? 못 해도 괜찮아!
엄마 : 그럼~~~지!
우주 : 그러기 위해선 리더가 정정당당하게 희생 같은 건 필요해! 무조건!
엄마 : 아하… 리더는 희생이 필요해?
우주 : 응! 팀원을 지키기 위해서는 자기가 먼저 나서고 자기가 먼저 희생을 하는
　　　　모습을 보여야 돼. 당연히!
엄마 : 그게 리더야?
우주 : 응! 책임감이 강하고 무엇보다 나 자신만이 아닌 팀원들을 위해서 뭐든지
　　　　할 수 있는 사람이 리더가 돼야 하는 거야.
엄마 : 캬~! 오늘 또 우리 우주한테 배운다.
우주 : 어! 56분이야! 자야 돼! 안녕히 주무세요! 😪

며칠 전 잠자리에서 아들과 이야기를 나누는데 어떻게 하다 리더에 대한 말이 나왔어요.
시작은 분명히 그게 내용이 아니었는데…

그날따라 흥분을 해서는 열변을 토하는데…
이야기를 나누다 보니 중요한 이야기를 하겠다! 싶어
우주 몰래 녹음기를 켜고 바로 녹음을 했답니다.

학교 청소 당번 이야기부터 피구 이야기 그리곤 리더에 대해 정리해서 말을 하는데…
키와 몸, 신발 사이즈도 이젠 저보다 크고 생각도 쑥쑥 크고 있다는 생각이 드네요.
이야기를 마치고 우주는 잠이 들었는데 전 잠시 난 과연 좋은 리더인가?
하고 생각해 보게 되었답니다.
엄마를 생각에 잠기게 만드는 아들…

엄마의 생각을 키우는 아들, 딸들… 우리는 참 행복한 리더! 바로 부모입니다.

젓가락을 든 횟수만큼

조금 전 일 끝나고 들어와서는 또 산더미처럼 쌓인 집안일이 저를 반겨주네요.
아침에 분명히 깔끔히 다 치워 놓고 쓸고 닦고 나갔는데…
전 무엇을 한 걸까요? 아오… >.<
오늘은 너무 바쁜 날인데… 머리도 복잡~! 마음도 복잡~! 몸은 바쁨…
샤워하고 나온 우리 아들이 그런 제 상태를 바로 파악을 하고서는 꺼낸 말!

우주 : 엄마! 내가 엄마를 얼마나 사랑하는지 알아?
엄마 : (주섬주섬 치우며 오늘은 힘이 없는 목소리로…) 얼마나 사랑하는데?
우주 : 내가 지금까지 든 젓가락 횟수만큼 사랑해~~!! 어?
엄마 : 뭐? 젓가락을 든 횟수만큼? 왜? 무슨 뜻이야?
우주 : 내가 태어나서 제일 많이 한 일이 젓가락을 든 거잖아!
엄마 : (온갖 방정맞은 웃음소리) 우주야~~^^

피곤했던 몸과 마음이 아들내미의 저 따뜻한 말 한마디 덕분에
눈이 녹 듯이 싹~~ 사라지네요!
그래서 전 다시~! 에너지를 충전하고 책상 앞에 앉아 있답니다.

성공한 엄마

학원에 다녀온 우리 우주가 숙제를 하다가…

우주 : 아~~~ 나도 엄마처럼 성공하고 싶다!
엄마 : 뭐? 엄마가? 성공을?
우주 : 응~~ 엄만 성공했지~~~!!
엄마 : 왜?
우주 : 계속 웃잖아~
엄마 : 계속 웃으면 성공한 거야?
우주 : 그럼~~~!! 당연하지~!

오늘도 우리 아들 우주 덕분에 크게 웃으며 힘이 납니다.
저 꼭! 성공해야겠어요! 성공했다고 굳게 믿고 있는 우리 아들을 위해서라도!
여러분~ 많이 웃으세요. 그럼 성공한 거래요.

선생님은 왜 우리들에게 존댓말을 쓰세요?

몇 년 전, 한 초등학교에서 1학년부터 4학년까지 스피치 수업으로 2년 동안 진행했던 적이 있었어요. 월요일부터 금요일까지 주 5일, 1교시에서 5교시, 각 반을 돌며 수업을 했는데 주말이면 목이 다 쉴 정도로 정말 열정적으로 수업을 했던 것 같아요. 참 과분하고 많은 사랑을 아이들에게 받았는데 어느 날, 2학년 여자아이가 수업이 끝나고 난 뒤, 저에게 다가와…

아이 : 선생님~

나 : 네? ^^

아이 : 선생님은 왜, 우리에게 존댓말을 쓰세요?

나 : 네?

(갑작스러운 질문에 당황스러웠어요. 무슨 이유가 있어서 썼던 게 아니기에 선뜻 답을 얘기하기가 어려웠죠. 그럴 때마다 제가 잘하는 건 아이의 느낌이나 생각을 되묻는 거예요.)

나 : 선생님이 왜 그러는 것 같아요?

아이 : 음… 우리를… 존중해서?

나 : 네? 정말 그렇게 생각해요? 어머나~ 세상에~^^

생각을 말하고 난 뒤 환하게 웃던 아이의 얼굴이 아직도 지워지지가 않네요.
저도 수업을 할 때 자연스레 존댓말을 쓰는 이유에 대해 깊이 생각해 볼 수 있는
귀한 시간을 아이가 선물을 해준 것 같아요.
그 뒤로 전 쭉~~ 존댓말로 수업을 하고 있답니다.
내가 만나는 모든 아이들을 존중하기 위해서…

생각 전구 – 우린 어떤 존중의 말들을 했나요?

특별한 점

우주는 오른쪽 눈에 조금 넓은 점을 가지고 태어났어요.
바로 카페오레 반점…
그 반점 때문에… 우주를 만나는 사람들마다 다친 줄 알고 걱정도 하고 신기하게
생각하기도 하죠. 초등학교에 입학한 우리 우주가 어느 날…

우주 : 엄마!
엄마 : 응?
우주 : 난 왜 눈 옆에 커다란 점 같은 게 있어?
엄마 : 응? 그 점…
우주 : 응! 다른 친구들은 없는데 나만 있으니까 이상해!
엄마 : 이상해?
우주 : 응! 그리고 자꾸 어디 다쳤냐고 물어봐!
엄마 : 아… 그게 말이야…

사실 우주를 임신하고 4개월 되던 2010년 7월 우주 아빠가 뇌경색으로 쓰러져
그 당시 남몰래 많이 울었는데… 저와 함께 울었을 우주… 그때의 제 눈물이
우주의 눈에 눈물자국으로 남은 건 아닌지…
태어나서 볼 때마다 미안해지고… 마음이 아팠답니다.
아기일 땐 몰랐다가 학교를 가고 다른 친구들과 다르다는 걸 느끼며 궁금했었나 봐요…
갑자기 물어보는데… 어떻게 대답을 할까? 생각하다!

엄마 : 우주야!

우주 : 응?

엄마 : 지금까지 만난 친구들에겐 우주처럼 점이 없지?

우주 : 응! 나만 있어!

엄마 : 그래! 그건 우리 우주가 아주 특별하다는 증거야!

우주 : 특별하다가는 증거?

엄마 : 응~ 세상엔 아주 많은 아이들이 있지만 그중에 우리 우주가 아주 사랑스러운 아이라
하나님께서 우리 우주를 빨리 찾으시려고 눈 옆에 점을 찍어 놓으신 거야!
아주 특별한 점을~!

우주 : 아~~!! 그래서 나만 있구나! 특별한 점이~~^^

그 이후로 우리 우주는…

친구들이 눈 옆에 뭐냐고 물어봐도! "응! 나만의 특별한 점이야!"

라고 자신 있게 웃으며 대답한답니다.

그리고 점을 빼준다고 해도…

"엄마! 이건 나한테만 있는 특별한 점인데… 이걸 왜 없애? 난 절대 안 빼!"

라며 소중히 여기는 모습을 볼 때마다 미안하고 고맙기도 하고…

여러 가지 감정이 오고 가지만…

긍정의 말은 정말 어디에든, 언제든 중요하다는 걸 느낍니다.

'믿는데이'라는 말이 이제는
나의 날마다 '믿는day'로!

저의 친청 어머니께서는 제가 중학교 때부터 하루에 3번 이상은 꼭 이 말씀을 하셨어요.

"우리 똑순이 믿는데이~"

<어릴 때 엄마 친구분들께서 지어 주신 별명이랍니다.> 전 그럴 때마다 그냥

"응." "나도~", "나도 우리 엄마 믿어~"라고 가볍게 대답하며 장난도 쳤었죠.

그런데 천년만년 내 옆에 살아 계실 것만 같은 우리 엄만…

제가 대학교 1학년 때 돌아가셨어요.

스무 살 때… 갑자기 병원에 입원한지 3일 만에… 정말로 친구 같은 엄마였기에…

그 충격은 절 아무것도 못하게 만들어 버렸었죠… 학교도 가지 않고 먹지도 않고…

그러던 어느 날 방에 우두커니 누워만 있는데

엄마께서 평상시에 했던 말들이 생각이 나는 거예요!

"엄마는 우리 똑순이 믿는데이~!"

'우리 엄마가 날 믿는다고 했는데… 날 믿고 있을 텐데…
이렇게 누워만 있고 이런 내 모습을 보고 계실 텐데… 얼마나 속상해하실까…?!'
그때부터 전 더 열심히 살기로 마음먹었어요! 많이 부족하고 많이 덜렁대는 성격이지만…
엄마에게 자랑스러운 딸이 되기 위해 쉰 넷, 너무 젊은 나이에
돌아가신 우리 엄마가 못해보고 간 모든 것들을 대신해 보고 엄마 만나는 날
"엄마, 나 잘 살았지?^^" 하고 말하며 자랑스러운 딸이 될 수 있도록…!!

"우리 우주! 엄마가 믿어!"
그 말을 이젠 아들내미한테 말하며 어설프게 엄마 흉내를 내고 있지만
다행히 '믿는데이'는 날마다 나에게 '믿는day'로 돌아오는 걸 느낍니다!

엄마 덕분에 난 사춘기에 안 걸릴 것 같아!

일을 하는 엄마인 전 아들과 자기 전 이런저런 이야기와 말놀이를 하는데요.
어제 아들에게서 최고의 찬사를 들었어요!
장난을 좋아하는 나와 그 장난을 더 좋아하는 우주가 잠들기 전
이런저런 이야기를 재미나게 나누다 배꼽을 잡고 크게 웃으면서…

: 엄마!
: 응?
: 엄마 덕분에 난 사춘기에 안 걸릴 것 같아!
: 응? 갑자기 왜?
: 엄마가 이렇게 웃겨주니까~ 사춘기 걸릴 틈이 없지!
: 정말?? ^^

최고의 찬사~! 맞는 거죠? 교육현장에서 수업으로 아이들을 만나다 보면 여러 가지 상황으로 웃음이 많이 사라진 게 사실이에요. 안타까운 마음에 나와 함께 하는 시간만큼은 아이들에게 최고의 개그우먼이 되어서 많이 웃겨주려고 노력한답니다.
힘든 시기이지만 우리 모두 크게 웃고 서로 토닥 토닥 할 수 있었으면 하는 바람입니다.

 **생각 전구 — 우리는 어떤 대화를 많이 나누었나요?**

닫
는

글

안녕하세요?
저는 이 책의 주인공 우주입니다! 히힛~
제 에피소드 재미있으셨나요??
저의 말, 느낌, 생각들이 하나하나 잘 나왔으면 좋겠네요~
제가 제일 기억에 남는 이야기는
"엄마 덕분에 사춘기가 안 올 것 같아!"입니다!
왜냐하면 저희 엄마는 저를 항상 웃겨 주시고
전 밝고 씩씩해서 사춘기는 안 올 겁니다~ㅎㅎ
전국에 있는 학생들 모두 사춘기 안 왔으면 좋겠네요!^^
얘들아! 나 책 나왔다!!!~:)

우주와 스토리텔링 에세이를 준비하며 참 많이 웃고 행복했어요.
스쳐지나 갈 수 있는 이야기를 엮어가며 우리 모든 엄마들에겐 저마다
아이들과 나누는 일상에서의 예쁘고도 재미있는 이야기들이 많을 텐데…
어쩌면 우리가 놓치거나 잊고 있는 건 아닐까?라는 생각이 들었습니다.
우리 아이들에게 지금 바로 들려줘야 하는 말…
"사랑해!
엄마 아들로, 딸로 태어나줘서 고마워!
네가 엄마~~ 하고 부를 때가 참 행복해!"
행복은… 감사는… 늘 우리들 가까이에 있답니다!
따뜻한 이야기를 나누는 이 순간에도!

부모와 자녀가 함께 읽는 스토리텔링 에세이
엄마 덕분에 난 사춘기에 안 걸릴 것 같아!

초판 1쇄 찍은 날 2022년 12월 01일
초판 1쇄 펴낸 날 2022년 12월 24일

글 그림 이수정 함우주
펴낸이 함동혁
펴낸곳 스마일루
편집 이수정
디자인 박순주
주소 경기도 파주시 송학 1길 11-14
대표전화 010 - 3401 - 7989
팩스 0504 - 315 - 7989
전자우편 sjcompany14@naver.com

2022 © 이수정
ISBN 979-11-969202-6-5

이 책은 저작권법에 따라 보호를 받는 저작물입니다.
무단전재 및 무단복제를 금합니다.
잘못된 책은 바꿔드립니다.